AF242522

RÉSUMÉ DU DISCOURS

PRONONCÉ

PAR M. WILBERFORCE,

DANS

La Chambre des Communes,

Le 27 Juin, 1822,

SUR

L'ÉTAT ACTUEL

DE LA TRAITE DES NÈGRES.

Londres :

IMPRIMÉ PAR G. SCHULZE,

13, POLAND STREET, OXFORD STREET.

1822.

RÉSUMÉ DU DISCOURS

PRONONCÉ PAR

M. WILBERFORCE.

En renouvelant aujourd'hui une motion analogue à celles que j'ai déjà présentées dans la dernière session et dans quelques-unes des sessions précédentes, je ne me dissimule point les inconvéniens qui accompagnent d'ordinaire ces propositions annuelles.

Quelle que soit l'importance du sujet, l'intérêt qu'il excitait primitivement s'affaiblit par degrés ; et pour le bien même de la cause, il est souvent préférable de n'en occuper le public qu'à de plus longs intervalles. Mais la Chambre remarquera sans doute les circonstances particulières dans lesquelles nous nous trouvons placés, et qui me semblent rendre nécessaire la motion que je vais avoir l'honneur de lui soumettre.

Ayant aboli nous-mêmes la Traite des Nègres, l'humanité nous faisait un devoir de presser les autres nations d'imiter notre exemple, et de se joindre à nous pour l'accomplissement de ce grand œuvre. Nous avons donc saisi l'occasion qui nous était offerte par le Congrès de Vienne ; nous nous sommes adressés à tous les Souverains de l'Europe, mais spécialement à ceux dont les sujets s'étaient livrés précédemment au commerce d'esclaves, et nous les avons conjurés d'embrasser avec nous la bonne cause. Le Portugal s'est seul refusé à nos instances. La Russie, l'Autriche et la Prusse, quoique étrangères à la Traite des Nègres, et n'ayant point elles-mêmes de colonies, ont pris part aux déclarations solennelles qui ont marqué la Traite du sceau de l'infamie. Toutes les grandes Puissances réunies en cour suprême de justice, ont prononcé la sentence d'un crime qu'elles ont justement nommé la honte de notre siècle, et il a été livré par elles à l'exécration de l'humanité.

L'injustice et la cruauté du commerce d'esclaves ayant été reconnues par les Puissances européennes, des traités ont été conclus avec plusieurs d'entre elles pour assurer l'abolition de ce trafic. Toutes, à l'exception du Portugal, ont fixé une époque précise après laquelle la Traite serait à jamais interdite. Les Gouvernemens mêmes qui se sont refusés à une abolition immédiate ont pris l'engagement formel de ne faire la Traite qu'au midi de la ligne.

Il a été convenu avec plusieurs de ces Gouvernemens que des juridictions spéciales seraient établies pour juger les infractions aux lois qui prohibent la Traite. Il est donc naturel, ou plutôt il est nécessaire que nous nous enquerrions de temps à autre comment les traités sont exécutés, et quels pas nous faisons vers le but que nous avons en vue.

Une grande masse de documens a été soumise à la Chambre par le Gouvernement de Sa Majesté. Elle comprend sa correspondance avec les officiers de la marine royale sur la côte d'Afrique, avec les membres des commissions mixtes et avec les ministres du Roi auprès de différentes cours étrangères. L'adresse que je compte proposer aujourd'hui contiendra l'expression des sentimens qu'a excités en nous la lecture de ces pièces officielles. Mais avant d'entrer dans les détails de la question, je crois remplir un devoir en reconnaissant que mon noble ami, qui siége de l'autre côté de la Chambre (Lord Londonderry) a veillé sur les intérêts de notre glorieuse cause avec habileté et persévérance.

Je commencerai par les Pays-Bas. En considérant les diverses phases de l'histoire de ce pays et les longues relations d'intimité qui ont existé entre son gouvernement et le nôtre, sa lenteur, pour ne rien dire de plus, à exécuter des engagemens formels, lui fait aussi peu d'honneur que le manque d'empressement qu'il témoigne à mettre un terme à des pratiques qu'il a déclarées lui-même contraires à la justice et à l'humanité. Toutefois les argumens du noble Lord (Lord Londonderry), appuyés par les talens et le zèle du Ministre de Sa Majesté près la Cour des Pays-Bas, (Lord Clancarty), ont enfin amené cette Puissance à donner aux traités leur véritable et légitime interprétation.

La Traite des Nègres s'est faite long-temps avec impunité sous pavillon espagnol ; mais un juste sentiment du devoir paraît s'être réveillé dans le sein des Cortès. Le Comte de Torreno a employé ses talens distingués en faveur de notre cause, et les Cortès ont enfin soumis à une peine infamante, (dix années de travaux forcés) le crime de la Traite, sous quelque forme qu'il se commette. Les malheureuses victimes qui seront trouvées à bord des vaisseaux négriers seront désormais délivrées de l'esclavage. Il est beau de voir un peuple qui jette les fondemens de sa propre liberté, se montrer sensible au droit qu'ont d'autres hommes à jouir du même bienfait ; et la conduite de l'Espagne, dans cette circonstance, redoublera, je n'en doute point, l'intérêt qu'inspirent aux citoyens de la Grande-Bretagne les efforts de ce peuple pour établir son indépendance politique.

Quelque longues et quelque amicales qu'aient été nos relations avec la Cour de Portugal, je suis forcé de convenir que sa conduite, par rapport à la Traite des Noirs, a été honteuse à l'excès. Elle n'a eu qu'un seul genre de mérite, une persévérance inébranlable dans le mal. Au Congrès même de Vienne, tandis que toutes les autres Puissances européennes ont reconnu l'injustice et la cruauté de la Traite, tandis qu'elles ont fixé un terme pour l'abolir, le Portugal seul, tout en accédant à la première de ces déclarations, s'est obstinément refusé à la mesure qui en était la conséquence. Il s'est contenté de nous offrir de discontinuer ses barbaries sur la côte d'Afrique, si nous consentions à acheter cet acte de justice par une concession de privilèges commerciaux. A la fin, néanmoins, la Cour de Lisbonne a stipulé, moyennant une somme considérable pour prix de son consentement, que la Traite serait désormais interdite au commerce portugais au nord de la ligne. Elle a délivré par là de ses ravages une étendue de plus de mille lieues de côtes, et elle a borné son trafic à des contrées qui, ayant fait partie de ses domaines depuis des siècles, avaient des droits particuliers à sa protection et à sa bonté. Mais en dépit de cette convention, l'on rencontre encore des négriers portugais sur tous les points de la côte d'Afrique au nord de la ligne ; et il a été prouvé que les Gouverneurs de quelques-uns des établissemens coloniaux de cette puissance prennent part à ces expéditions de forbans. Certes, il serait d'un mauvais augure pour les destinées à venir du Portugal, que le nouveau gouvernement de ce pays, en assurant sa propre indépendance, ne prît aucune mesure pour exterminer un commerce de fraude, de sang et d'infamie. J'ai meilleur espoir de sa législature actuelle ; et les principes du nouveau gouvernement formeront, j'ose le croire, un heureux contraste avec ceux de l'ancien. En tout cas, sa conduite ne saurait être pire, en ce qui concerne la Traite des Noirs.

Je passe aux Etats-Unis d'Amérique. Ce pays

a débuté plutôt que nous-mêmes dans la bonne œuvre de l'abolition; mais il est pénible de voir, en étudiant les pièces déposées sur notre table, que le gouvernement de Washington, quoiqu'il ait fait de la Traite un crime capital, quoiqu'il l'ait rangée parmi les actes de piraterie, se refuse encore à la seule mesure qui paraisse devoir être efficace pour mettre un terme au trafic du sang africain: je veux dire, le droit réciproque de visiter les vaisseaux qui naviguent sur la côte d'Afrique.

Il est évident, ainsi que l'a justement observé dans la session dernière mon honorable ami, Mr. Brougham, (et c'est aussi un des argumens dont s'est servi le Secrétaire d'Etat de Sa Majesté), que rien n'est plus distinct de ce qu'on appelle le droit de visite, tel qu'il s'exerce en temps de guerre, que la faculté mutuelle accordée aux bâtimens des deux nations, d'examiner les navires marchands, dans des limites déterminées, et sur le pied de l'égalité la plus parfaite. La seconde de ces mesures, on l'a soutenu avec raison, ne diffère pas seulement de la première, elle lui est, pour ainsi dire, opposée. Car reconnaître la nécessité d'un traité spécial pour exercer un droit dans de certaines bornes et à certaines conditions, c'est en quelque sorte désavouer le droit général et indéfini de visite qui ne se fonde sur aucune convention préalable. La résistance que nous oppose à cet égard le gouvernement américain, est d'autant plus fâcheuse, qu'à Washington même un comité de la Chambre des Représentans a recommandé l'année dernière l'adoption du système de visite mutuelle sur les côtes d'Afrique. Ainsi la branche populaire de la législature, celle où l'on pouvait supposer que les préjugés nationaux seraient le plus long-temps à se dissiper, s'est montrée supérieure à ces considérations secondaires. Cette année encore, un comité du Congrès (nommé dans le Sénat, si je ne me trompe) a reproduit les mêmes argumens en faveur de la visite mutuelle. Néanmoins, le Gouvernement refuse d'accéder à ces conseils, et sa résistance n'est pas exempte de rudesse. Mais de cela même je tire un favorable augure ; et quand, en réponse aux argumens irrésistibles de Mr. Stratford Canning, je vois Mr. Quincy Adams toujours sur le point de manquer de mesure, je ne puis m'empêcher d'attribuer une telle disposition au malaise qu'il éprouve en repoussant une proposition évidemment équitable, et j'aime à espérer qu'il finira par l'adopter avec satisfaction. Dans une cause qui embrasse les plus chers intérêts d'une grande portion de nos semblables, il est pénible sans doute de voir le gouvernement américain s'en tenir aux minuties de l'étiquette nationale, au lieu d'envisager la question sous un point de vue plus réel et plus élevé ; mais si telle est la diplomatie des Etats-Unis, avec quelle satisfaction n'avons-nous pas reconnu que les sentimens individuels des Américains se sont montrés tels qu'on devait les attendre d'hommes issus de la même origine que la nôtre, d'hommes élevés dans la jouissance des mêmes droits et des mêmes prérogatives constitutionnelles. Les officiers de la marine américaine en croisière sur les côtes d'Afrique, ont secondé nos efforts avec la bienveillance et la cordialité la plus parfaite. Je désire ardemment, je l'avoue, que la Grande-Bretagne et l'Amérique éprouvent l'une pour l'autre les sentimens qui conviennent à deux peuples qui sont descendus des mêmes ancêtres, qui parlent la même langue, qui professent la même religion, qui font gloire de la même liberté politique, et qui sont redevables aux mêmes principes constitutionnels des bienfaits spéciaux dont ils jouissent: je me réjouis de tout indice qui semble annoncer que les deux peuples ne connaîtront bientôt plus d'autre rivalité que celle qui peut exister entre des amis et des frères; et je me livre avec bonheur à l'espoir qu'ils seront désormais unis l'un à l'autre par des liens d'estime et d'affection mutuelles.

Il me reste à remplir la plus pénible portion de ma tâche: je dois parler de la conduite de la France relativement à la Traite des Nègres. Si l'on réfléchit que le gouvernement français a condamné la Traite dans les termes les plus énergiques, comment ajouter foi à ce qui est néanmoins d'une vérité incontestable ? c'est que dans quelque direction que nous jettions les yeux, sur toutes les mers, dans tous les ports, sur tous les points de la côte d'Afrique, et presque dans toutes les autres parties du monde, nos regards affligés rencontrent des preuves manifestes de l'activité redoublée avec laquelle des Français indignes de ce nom, se livrent à la Traite des Noirs. Des circulaires sont répandues et en France et dans les colonies ; on appelle les plus petits capitaux à s'engager dans ce trafic infâme où des profits énormes doivent récompenser les spéculateurs. Les officiers de la marine royale et les gouverneurs des établissemens coloniaux, semblent également disposés à favoriser la Traite par leur connivence; et dans le même instant, on nous assure que le gouvernement français ne néglige aucun effort pour mettre un terme à de semblables pratiques; ce même gouvernement réputé si exact et si habile dans l'application de ses lois pénales et de ses réglemens fiscaux.

Il existe néanmoins en France des hommes qui ressentent pour cette coupable connivence du pouvoir suprême, l'indignation qu'elle doit exciter dans toutes les âmes généreuses. Le Duc de Broglie, en particulier, a traité cette grande question dans la Chambre des Pairs avec une habileté et une éloquence dignes de l'objet de ses efforts ; et en dénonçant les horreurs de la Traite à l'opinion publique, il a montré une parfaite connaissance du sujet jointe à tout le zèle qu'inspire une semblable cause. Tant que la France possédera des hommes tels que le Duc de Broglie, tant que leurs intentions resteront les mêmes, tant que leurs talens seront consacrés à la cause de la justice et de l'humanité, je ne saurais désespérer du succès. Mais c'est un étrange et humiliant spectacle que celui d'un grand royaume qui, comblé des dons de la Providence, placé au premier rang par les progrès de la civilisation et les raffinemens de la vie sociale, emploie les ressources de son industrie à accroître les souffrances et à prolonger la barbarie de nations moins favorisées du ciel. Un pareil crime devient plus odieux encore quand on réfléchit aux circonstances dans lesquelles il se commet; quand on songe que c'est au moment même où à l'issue d'une longue guerre, la France a retrouvé les jouissances de la paix et le gouvernement de son souverain légitime.

L'on nous dit que la religion renaît en France, et que le gouvernement actuel est disposé à en favoriser les progrès ; mais j'aurais, je l'avoue, une triste idée d'une religion qui accepterait la honteuse alliance de la Traite des Nègres. Ç'a été l'un des caractères distinctifs du christianisme, que d'adresser ses consolations aux pauvres, de se montrer le protecteur des opprimés, le soutien des malheureux ; ç'a été la gloire de l'Evangile que de répandre la paix et la bienveillance mutuelle parmi les hommes. Quel doit donc être le caractère de cette religion qui fait un pacte avec la fraude et la cruauté, avec le meurtre et le brigandage, qui adopte pour missionnaires des hommes endurcis dans le crime, et qui porte la désolation et le pillage dans toute une moitié du monde non civilisé ?

Je ne trace point un tableau imaginaire.

(Ici Mr. Wilberforce a lu l'extrait d'une dépêche de Lord Londonderry au ministère français, d'où il résulte que les négriers se procurent des victimes sur la côte d'Afrique en excitant les peuplades indigènes à des actes de brigandage mutuel, en incendiant les hameaux et enlevant les malheureux habitans à mesure qu'ils cherchent à échapper aux flammes).

L'infamie et la cruauté d'une pareille conduite, a repris l'orateur, sont encore aggravées par la cons i dération que l'échafaudage de sophismes au moyen duquel on essayait autrefois de justifier la Traite des Noirs, est maintenant réduit en poudre. Quand nous avons commencé la lutte, on nous objectait que les Nègres étaient une race inférieure, une sorte de chaînon entre l'homme et le singe : que la nature les avait destinés à couper du bois et à porter de l'eau pour l'usage du reste de leurs semblables. Ceci n'est pas une ironie, c'est une assertion avancée gravement dans un des livres qui font autorité sur les questions relatives aux Indes occidentales. Mais ces mensonges honteux qui offensent à la fois la Majesté Divine et les droits de l'humanité, ont été repoussés depuis long-temps dans les ténèbres dont ils n'auraient jamais dû sortir. Divers rapports sur l'état de l'Afrique ont mis hors de doute que les indigènes sont semblables à nous par leurs qualités physiques et morales. La colonie de Sierra Leone surtout, cet établissement jadis si calomnié et si injustement méprisé, démontre aujourd'hui cette vérité incontestable, qu'une société africaine peut faire des progrès aussi rapides que les nôtres, lorsqu'elle jouit des bienfaits de la religion protestante et des lois britanniques. Cette colonie, bien qu'encore dans l'enfance, est un objet d'admiration et de joie pour tous les amis de l'humanité ; la plante est jeune et délicate, mais ses jets sont vigoureux, son feuillage est verdoyant, et déjà l'on y distingue quelques traits de la beauté et de la symétrie qui caractérisent la constitution britannique.

La France peut-elle vouloir que sa conduite offre

un contraste si frappant avec la nôtre ? Quoi ! tandis que nous réveillons par des soins paternels les facultés assoupies des malheureux Africains, employera-t-elle toutes les ressources de sa puissance à les corrompre, à les dégrader, à les détruire ? Non, sans doute, si de pareilles horreurs peuvent encore se commettre, c'est qu'on les cache aux regards du public ; et je ne saurais croire que ni le gouvernement ni le peuple français consentissent à tolérer de tels actes d'iniquité, s'ils en connaissaient la nature et l'étendue. Qu'ils se mettent pour un moment à la place des habitans de l'Afrique ! Qu'ils supposent que les Algériens débarquent sur les côtes du Languedoc et viennent s'y livrer à un brigandage, moins cruel pourtant que celui des négriers. Qu'ils supposent que ces pirates incendient les villages pendant la nuit, enlèvent les paysans tandis qu'ils s'efforcent d'échapper à la mort, et vont les vendre dans une contrée lointaine pour y subir eux et leur postérité un esclavage éternel. Quel soulèvement n'exciterait pas le simple récit de ces atrocités ? On les signalerait comme le comble de l'horreur et de la barbarie ; il semblerait monstrueux que l'Europe ne se levât pas en masse pour en châtier les auteurs. Eh bien ! ce brigandage, quelque juste indignation qu'il dût exciter, reste en deçà de la cruauté systématique, de la froide barbarie qui caractérise la Traite des Nègres. La morale et l'humanité sont-elles donc circonscrites par des limites géographiques, et une nation qui prétend à l'honneur de surpasser toutes les autres dans les rafinemens de la civilisation, se livrera-t-elle sans obstacles aux plus indignes pratiques ?

Mais il est de fait, ainsi que je l'ai remarqué précédemment , que les horreurs de la Traite trouvent un appui dans leur étendue même. Nous nous habituons à la considérer comme un être abstrait, et nous oublions qu'entre les 80 à 100 mille victimes de ce trafic, chacune a subi quelque violence individuelle, enduré quelque malheur qui lui est propre, supporté peut-être une plus grande intensité de souffrances que ne saurait en produire aucun des autres fléaux qui affligent l'humanité. L'on peut à peine supposer que la Traite des Noirs fût tolérée dans un seul des pays qui prennent le nom de chrétiens, si elle était connue pour ce qu'elle est incontestablement en réalité.

J'ai cherché à me rendre compte des ruses et des sophismes qui ont pu valoir à ce trafic l'espèce de faveur dont il jouit encore, et je me suis assuré que ce triste résultat provient, en grande partie, de ce qu'on attribue à l'abolition de la Traite la détresse actuelle de nos colonies occidentales, et de ce que l'on suppose que nous pressons la France d'adopter une marche qui a été fatale à nos établissemens d'outre-mer, dans le but d'étouffer son commerce et d'arrêter les progrès de sa prospérité. Mais ceux qui accueillent cette calomnie ignorent, ou du moins ils oublient que, lors même qu'aucun sentiment de morale ne nous empêcherait d'adopter un si abominable système, les principes seuls de l'économie politique suffiraient pour nous en détourner. Et en effet, grâces en soient rendues à l'Eternel, on a reconnu l'absurdité de la doctrine autrefois reçue, qu'une nation pour être puissante doive appauvrir et rabaisser les peuples qui l'environnent : doctrine impie, qui accuserait l'Ordonnateur Suprême de toutes choses d'avoir fondé le bien-être temporel des nations sur la méchanceté et l'égoïsme, et non sur la liberté, la paix et l'affection mutuelle. Non, certes, nous le savons aujourd'hui, un pays n'a pas de plus sûre manière d'accroître sa prospérité, que de favoriser les progrès de ses voisins ; et chaque membre de la grande famille est intéressé au bien-être et au bonheur de tous.

Mais l'hypothèse que la détresse actuelle de nos colonies provienne de l'abolition de la Traite, peut avoir de si dangereuses conséquences, que je me crois obligé d'en démontrer la fausseté ; je vais plus loin, j'affirme qu'il eût mieux valu pour nos anciennes colonies que la Traite eût été abolie beaucoup plus tôt. La détresse qui se fait sentir dans les Indes occidentales remonte à plus de vingt années, et je n'ai pas besoin de rappeler à la Chambre que l'abolition de la Traite ne date que de quinze ans. A moins donc que l'effet ne précède la cause, il est évident que la détresse des colonies n'est point imputable à l'abolition de ce trafic. A l'appui de mon assertion sur l'époque à laquelle remonte cet état de souffrance de nos colonies occidentales, je lirai l'extrait d'un Rapport sur la Jamaïque, imprimé par ordre de la Chambre au mois de Février, 1805.

" Tous les négocians anglais qui ont des hypothèques sur les plantations, forment des demandes en expropriation forcée ; et néanmoins quand ils ont obtenu un jugement, ils hésitent à le faire exécuter, parce qu'ils seraient obligés de devenir eux-mêmes propriétaires, et qu'ils savent par expérience ce qu'il en coûte. Les officiers des Sheriffs et les receveurs des impositions à l'intérieur, font vendre sur tous les points de l'île des habitations dont les propriétaires, autrefois riches, sont réduits aujourd'hui à se voir déposséder de leurs biens pour moitié de leur valeur réelle et moins de moitié de leur prix d'achat. Toute espèce de crédit est anéantie, etc., etc. Les détails les plus fidèles paraîtraient d'une exagération absurde."

Je pourrais continuer à citer des passages semblables ; mais je me borne à faire observer qu'à une époque encore plus reculée, dans les vingt années qui se sont écoulées de 1760 à 1780, les expropriations se sont élevées au nombre de 80,000 et à la somme de £32,500,000, monnaie de la Jamaïque, soit 22,500,000 livres sterling. Pendant ces vingt années, près de la moitié des propriétés de l'île a changé de maîtres. En voilà, sans doute, plus qu'il ne faut pour renverser la supposition que l'abolition de la Traite ait eu aucune part à la détresse actuelle de nos colonies.

Mais quels que soient les motifs de l'indulgence coupable dont jouit la Traite des Nègres, c'est, je le répète, un sujet de surprise et d'indignation que de voir un pays tel que la France, dans le moment où il est rendu à la paix et à la prospérité, devenir le fléau du continent africain, l'instrument funeste qui non seulement aggrave les souffrances de ces malheureuses contrées, mais qui, ne l'oublions point, y prolonge à plaisir la guerre intestine et la barbarie. Les Français sont un peuple brave et chevaleresque ;

ils nous ont disputé jadis l'empire de la mer, et je ne puis comprendre qu'ils ne sentent pas que c'est souiller l'honneur de leur pavillon, que d'en faire non seulement la sauvegarde d'un trafic de sang humain, quand ce sont des navires français qui s'y livrent, mais le protecteur, le patron, l'ange gardien pour ainsi dire (ange de ténèbres sans doute) des plus vils aventuriers de toutes les nations.—Je ne saurais m'empêcher de croire que lorsque la nature et les effets d'un pareil système seront bien connus, le sentiment moral de la France elle-même ne souffrira pas que la Traite continue impunément ses ravages.

Quant à nous, du moins, remplissons notre tâche, et ne négligeons aucune des ressources qui sont en notre puissance pour faire réparation à l'Afrique des torts qu'elle a eu si long-temps à nous reprocher. Si nos traités avec les Puissances étrangères avaient eu pour objet des limites territoriales ou des privilèges commerciaux, leur exécution aurait été strictement exigée. Que notre conduite ne nous fasse pas soupçonner de mettre plus d'intérêt à ces questions d'un ordre secondaire qu'aux droits les plus chers, à la vie et au bonheur de nos semblables. Que nous puissions dire au moins que nous avons fait notre devoir ; et je le répète, il m'est impossible de ne pas espérer qu'un jour Sa Majesté pourra se livrer à la douce jouissance de penser que sa médiation a puissemment contribué à délivrer la terre du plus grand fléau qui ait jamais affligé l'humanité, et à ouvrir à la civilisation, aux lumières et au bonheur l'entrée du vaste continent de l'Afrique.

Je propose donc que l'Adresse suivante soit humblement présentée à Sa Majesté (1).

———

" Le profond intérêt que la Chambre des Communes a pris et continue à prendre à l'abolition de la Traite des Nègres, nous a engagés à étudier avec une attention particulière les documens qui ont été mis récemment sous nos yeux, d'après les ordres de Sa Majesté.

" Nous nous étions flattés que les représentations et les remontrances réitérées de Sa Majesté auraient enfin déterminé les divers gouvernemens dont les sujets se livraient encore au trafic des Noirs, à méditer sérieusement sur l'obligation solennelle qu'ils ont si souvent contractée de coopérer avec Sa Majesté d'une manière cordiale et efficace à la destruction complette de cet épouvantable fléau.

" Mais nous avons appris avec douleur et avec honte qu'à un petit nombre d'exceptions près, nos espérances ont été déçues, et que nous sommes encore réduits à l'étrange et humiliante condition de voir la Traite des Nègres se faire avec une activité redoublée par les sujets de ces mêmes puissances, qui ont formellement reconnu que ce trafic est le comble de la dépravation et de la cruauté.

———

(1) Cette adresse a été votée à l'unanimité par la Chambre des Communes.

" Nous remarquons cependant avec satisfaction que les argumens sans réplique et les démarches réitérées des ministres de Sa Majesté, appuyés des remontrances énergiques de son Ambassadeur à la Cour des Pays-Bas, ont enfin amené ce gouvernement à donner aux traités leur interprétation légitime.

" Nous avons vu également avec plaisir la réforme de quelques-uns des abus qui s'étaient introduits dans les cours de juridiction mixte établies à Sierra Leone. Mais l'expérience a démontré la nécessité de modifier la clause qui exige, pour prononcer la condamnation d'un navire, que des esclaves aient été trouvés à bord au moment de la saisie, tandis qu'il importe au contraire d'accorder une juste valeur aux preuves décisives que l'on peut déduire de l'arrimage et de l'équipement qui distinguent les bâtimens négriers.

" Nous avons trouvé quelque soulagement à la douleur que doit causer la déplorable uniformité des renseignemens qui nous sont fournis, en apprenant que les Cortès d'Espagne ont prononcé une peine sévère et infamante contre tous les individus qui désormais prendraient part à la Traite des Nègres. Mais il ne suffit pas de cette juste reconnaissance de l'atrocité du crime, il ne suffit pas d'une prohibition légale, et nous espérons que les Cortès prendront toutes les mesures nécessaires pour l'exécution rigoureuse de la nouvelle loi.

" Nous voyons avec chagrin que les navires portugais, loin de renoncer graduellement à la Traite, ont continué à s'y livrer avec une activité redoublée, et spécialement sur la côte au nord de la ligne, ce qui est une contravention formelle au traité par lequel cette Puissance s'est engagée à borner son trafic aux contrées situées au midi de l'équateur.

" Mais nous ne saurions nous empêcher d'embrasser l'espérance que le nouveau Gouvernement du Portugal montrera plus d'empressement pour l'exécution d'un traité que toutes les lois divines et humaines lui font un devoir de respecter.

" Nous avons remarqué avec une vive satisfaction le zèle que manifestent pour l'abolition de la Traite des Nègres les commandans des bâtimens de guerre américains en station sur la côte d'Afrique, et leur empressement à seconder les efforts des officiers de la marine royale. Mais nous voyons avec regret que le gouvernement des Etats-Unis ne paraît point disposé à abandonner les objections qu'il a faites précédemment à l'établissement d'un droit de visite mutuelle dans les parages de l'Afrique.

" Nous nous étions flattés que ce gouvernement prendrait en juste considération les argumens irrésistibles mis en avant par le Comité de la Chambre des Représentans en faveur d'un arrangement de ce genre, et spécialement le passage du Rapport de ce Comité où l'on fait ressortir la différence, ou plutôt l'opposition, qui existe entre une mesure fondée sur des conventions réciproques et renfermée dans des limites déterminées, et le droit de visiter les vaisseaux neutres sans aucune stipulation antérieure, tel qu'on le réclame et le pratique en temps de guerre. Nous nous étions flattés surtout que, dans une question qui intéresse les droits et le bonheur d'une si grande portion de nos semblables, le gouvernement américain se rendrait à la considération évidente que l'établissement général d'un système quelconque de visite mutuelle peut seul être efficace pour mettre un terme au trafic des Noirs.

" Nous voyons avec une profonde douleur que cette année comme les précédentes, la Traite se fait sous pavillon français sur toute l'étendue de la côte d'Afrique ; qu'en France et à l'étranger des prospectus sont répandus pour offrir aux spéculateurs des expéditions de ce genre, pour attirer les plus petits capitaux, et séduire des aventuriers par l'espoir d'un profit énorme ; que le petit nombre de bâtimens de guerre français en station dans les parages de l'Afrique, ne met aucune entrave sérieuse au trafic des Noirs ; que les gouverneurs des colonies ne paraissent pas montrer plus d'activité : et cela, tandis que le Gouvernement français condamne ce trafic dans les termes les plus énergiques, tandis qu'il déclare qu'aucune peine n'est épargnée pour arrêter un si grand fléau. Il est à déplorer qu'un gouvernement dont les moyens d'action passent pour être si efficaces, voye ses efforts paralysés dans cette seule circonstance. Nous ne pouvons donc que continuer à nous affliger profondément de ce qu'une grande et brave nation, comblée de tous les dons de la Providence, placée au premier rang par les jouissances de la vie sociale, se montre, dans le moment même où elle est rendue aux bienfaits de la paix et au gouvernement de son souverain légitime, un agent principal de destruction pour étouffer les germes de civilisation qui commençaient à se développer en Afrique, et prolonger la misère et la barbarie de ce vaste continent.

" Nous conjurons Sa Majesté de réitérer ses remontrances auprès des gouvernemens étrangers, et de rendre manifeste que son intervention n'est point une affaire de forme, mais l'accomplissement d'un devoir impérieux et sacré.

" L'Angleterre aura du moins la satisfaction d'apprendre que nous travaillons sans relâche à réparer les torts que l'Afrique a eu si long-temps à nous reprocher nous-mêmes. Et nous ne saurions douter qu'à la fin nous ne puissions féliciter Sa Majesté d'avoir triomphé dans la bonne cause, et d'avoir puissamment contribué à effacer la tache la plus honteuse qui souille l'honneur de la chrétienté."

FIN.

Londres,
De l'Imprimerie de G. Schulze,
13, Poland Street.